एहसासों का जहां

तुम और सिर्फ़ तुम

जुबीना अंजुम

प्रथम संस्करण: मई 2022
भारत में मुद्रित

मुद्रक : प्रिंटवन ग्राफिक्स, नवी मुंबई
टाइप : कोकिला

ISBN: 978-93-94603-75-2

आवरण रचना: देवव्रत साहू

प्रकाशक : स्टोरीमिरर इंफोटेक प्राईवेट लिमिटेड,
145, पहला माला, पवई प्लाज़ा,
हीरानंदानी गार्डन्स, पवई,
मुंबई-400076, भारत

Web: https://storymirror.com
Facebook: https://facebook.com/storymirror
Instagram: https://instagram.com/storymirror
Twitter: https://twitter.com/story_mirror
Email: marketing@storymirror.com

प्रस्तावना

इन तमाम कविताओं में मैंने कुछ टूटते हुए रिश्तों के दर्द, और आंसुओं को पहचान दी है।

कुछ छुपे हुए दर्द तो, कुछ मोहब्बत में मिली खुशियां को बयां किया है।

अपनी कलम को उठाकर मैंने एहसासों को ज़बान दी है, जज़्बातों को आवाज़ दी है।

इन कविताओं के द्वारा इश्क़ में मिली तकलीफों को बयां किया है,प्यार में उभरने वाली ख्वाहिशों का ज़िक्र किया है, उल्फत के अधुरी रह जाने पर फ़िक्र किया है।

इन सभी कविताओं में एक प्रेमिका और प्रेमी अपने प्यार का इज़हार कर रहे हैं, अपने दर्द को बयान कर रहे हैं।

इन कविताओं के ज़रिये मैंने अनकही बातों को ज़बान दी है।

अभिस्विकृति

वह कहते हैं ना हर एक इंसान के अंदर कुछ कलाकारी होती है मुझे बचपन से ही कविताओं और ग़ज़लों का बहुत शौक रहा, जब मैं कक्षा 9वीं में थी तभी से मैंने खुद की रचनाओं को लिखने की कोशिश की।

12वीं के परीक्षा के बाद जैसे मेरे अंदर का लेखक और निखरता गया।

मुझे इस मकाम पर पहुंचाने तक कि मैं अपनी बातें आप सबको कह सकुं इसमें, मेरे परिवार और मेरे दोस्तों का बहुत बड़ा हाथ रहा।

हर इंसान के आगे बढ़ने के पीछे किसी ना किसी का हाथ होता है, आज मेरी बातें आप सब तक पहुंच पा रही है, आज मेरी रचनाएँ

आप तक पहुँच पाई है तो, इसका श्रेय मेरे पापा और मेरे प्यारे दोस्तों को जाता है। जिनके योगदान के बिना इस लेखक की पहचान अधुरी थी।

अनुक्रमणिका

1. "न थक कभी तु"

ना थक कभी तु, ना रुक कहीं भी,

ये सफ़र बड़ा है, चलते जाओ।

हर जीत यहीं है, और हार यहीं पर,

समझ ना खुद को कमज़ोर ज़रा भी, है कलम जो तेरे हाथ में मौजूद समझ लो तलवार यही है।

है हार यहां पर, तो जीत यहीं है।

ना डर कभी तु चुनौतियों से,

कलम जो है पास में तेरे, समझ ले प्यारे तलवार यही है।

2. "सावन की बूँदें"

टप टप बरस रहा, ये बूंद सावन का,

इस कदर तरस रहा, दिल तेरी मोहब्बत का।

भींग गए, तमाम पतझर के सुखे पत्ते,

सुखा ही रह गया, तेरे बिन ये दामन उलफत का।।

आ गया झूम कर ये दिन सावन का, उल्लास से है भरा हर ज़र्रा मेरे आंगन का।

भर गई तमाम नदियां झरने,

निखर गई हर पत्तियां किरणे, मगर प्यासा है तुम बिन, हर कतरा मेरे दिल का।

इतरा के निहारे मुझे, लहराता हुआ रंगीन नज़ारा मौसम का।

अधुरा है उल्लास सारा, फीका ये सावन है,

जो सुखा ये फर्श दिल का।

निराश उम्मीद है, चाहे ये सावन बीते, या कटे दिन इंतेज़ार का....!

3. "तुम्हीं मेरी गीत हो"

तुम्हीं मेरी मीत हो, तुम्हीं मेरी गीत हो।

बस दुआ है, ये दिल की,

जो टूट जाए ये दोस्ती, आपस में ऐसी न कोई बात चीत हो।।

तुम्हीं मेरी हार, तुम्हीं मेरी जीत हो।

तुम्हीं से है प्रेम, तुम्हीं मेरी प्रीत हो।।

दुआ है ये दिल की, जो होना पड़े दूर,

एक दूसरे से, दुनिया में ऐसी ना कोई रीत हो।

तुहि मेरी ग़ज़ल, तुम्हीं मेरी गीत हो।।

4. "न तुझे पाने की तलब"

ना मुझे पाने की तलब है,

ना ही तुझे हासिल करने की ज़िद।

ना मुझे चुराना चाहते हो,

ना ही तुझे दुनिया से छीनना चाहती हुं।

ना मुझे अपने जानिब खींचना चाहता है,

ना ही मैं तुझे सबसे दूर करना चाहती हुं।

ना मुझे तु चांद कहता है, ना मैं आसमान की, ख्वाहिश रखती हुं।

ना मुझे वो सिर्फ़ ख़ुद तक ही, महरूम रखना चाहता है,

ना ही मैं तुझे अपने तक ही, मुत्मईन करती हुं।

बस तुझे चाहता हुं, हर सूरत में स्वीकार है तु,

सिर्फ तुझे जानती हुं, हर महफ़िल में मौजूद है तु।

ना तुझे पाने की ज़िद, नाही सब से छीनने की कोशिश।

मगर तुझे खोने का डर है॥

बेशक्क हम एक सच्चे हमसफ़र हैं...!

5. "गर मैं न रहुँ"

गर मैं कल ना भी रहुं, तेरे साथ मेरे हमदम,

ख़ुशबू की तरह बस के, सांसों में सदा मिलना।

गर मैं कल ना भी रहुं, तेरे बाहों में मेरे हमदम,

धड़कन की तरह बस के, मेरे जिस्मों में सिमटना।

गर मैं कल ना भी रहुं, इस दुन्या में मेरे प्रियतम,

आब-ए-समुंद्र को बहा कर भी, रोज़ फूलों की तरह खिलना।

6. "अच्छा नहीं लगता"

अपने अश्कों से, तुझे भींगाना अच्छा नहीं लगता।

अपने दर्दों की तपिश में, तुझे भी जलाना अच्छा नहीं लगता।

यूं तो कट जाती है तनहा भी, हिजर की तमाम रातें,

अपने ख़्वाबों में, तुझे जगाना अच्छा नहीं लगता।।

बेबस निगाहें जुस्तजू में तेरे, सराबोर रहती हैं,

मगर बार बार तुझे अपने करीब बोलाना अच्छा नहीं लगता।

जिस तरह से गुज़र रही ये बेज़ार जिस्त वीरानियत में,

अपने जज़्बातों से, तुझे भी रोलाना अच्छा नहीं लगता।।

कई दफा बिना मश्रूफियत के भी हम, तुझे नज़रअंदाज़ करते हैं,

अपने तकलीफों का सबब तुझे करार देकर, सताना अच्छा नहीं लगता।

मुनासिब नहीं की तु मुझे हर पल, मोहब्बत का यकीन दिलाया कर,

मगर तेरा किसी और के जानिब देख, मुस्कुराना मुझे अच्छा नहीं लगता।

7. "क्या पुछलुं तुमसे"

कुछ सवालात हैं, ज़हन में, कहो तो पूछ लुं तुमसे।

ये इश्क़ वफ़ा के सिलसिले, ख़्वाब इतने दिखाते क्यों हैं।

ये प्यार वफ़ा के सिलसिले, रातों को जगाते क्यों हैं।।

कुछ सवालात है, परेशान करते हुए, कहो तो पुछ ही लुं तुमसे।

ये ज़माने वाले, हम आशिकों को इतना सताते क्यों हैं।

तुम पूछो ना जा कर उनसे, ये दिलों को इतना दुखाते क्यों हैं।।

कुछ जज़्बात हैं, सांसों में समाए हुए, कहो तो पूछ लूँ तुमसे।

हज़ार वादें कर के, ये हबीब हमें भूल जाते क्यों हैं।

हमारे पास आते हैं, तो दूर जाते क्यों हैं।।

महज़ सिर्फ़ एक सवाल का जवाब देदो,

जो होता है छोड़ कर जाना, तो आप जैसे रफ़ीक ज़िन्दगी में आते क्यों हैं।।

❀ ❀ ❀

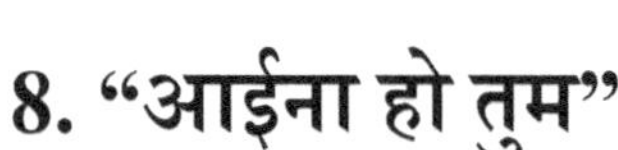

8. "आईना हो तुम"

आईना हो तुम मेरी ज़िन्दगी का।

तुम मुझे अच्छा दिखना नहीं, अच्छा बनना सिखाते हो।।

ज़रिया हो तुम मेरी हर ख़ुशी का,

आईना हो तुम मेरी ज़िन्दगी का।

हर बात निकल जाती है तेरे सामने, हर राज़ निखर जाती है तेरे सामने।

फैसला हो तुम मेरी ज़िन्दगी का, आईना हो तुम मेरी ज़िन्दगी का।

मेरी हर कमी, मेरी हर खामी तुम दिखाते हो।।

मैं रोते हुए उदास अच्छी नहीं लगती,

मुझे हंसा कर मेरे मुस्कुराते हुस्न की ख़ूबसूरती दिखाते हो।

आईना हो तुम मेरी ज़िन्दगी का।

तुझ में मैं खुद को देखती हुं,

तुम मुझे अच्छा दिखना नहीं अच्छा बनना सिखाते हो।।

आईना हो तुम मेरी ज़िन्दगी का।

9. "न रहेगी हमारी कहानी"

आज जो आँखें नम है, तो कल दुख कम होगा,

गर आज जो पतझड़ है, तो कल सावन होगा।

उम्मीद रख हर रात एक नई सुबह की, गर आज जो अंधेरा है,

तो कल आंगन में सूरज होगा।।

आज जो छोड़ भी जाऊं मैं तुझे, तो कल बाद जाने के,

तेरा ये प्रेम किसी और के संग होगा।

मैं ना भी रहूँ फिर भी ये, मेरे बाद भी कायम ये जीवन होगा।।

मेरा प्रेम मेरा स्नेह, हर पल मेरा साहस,

मेरा विशवास तेरे साथ ताउम्र होगा।

गर तुफान भी आये, तो कुछ पल बाद ज़िन्दगी,

फिर से बेहतर होगा।।

देख लेना सब कुछ तेरे साथ रहेगा, मगर जो ना होगा, तो

दो प्रेमी और ये दास्ताँ, जो है हमारे प्यार की निशानी,

सब बरकरार रहेगा, ना होगा तो तुम, मैं और हमारी कहानी…..!!

10. "याद है"

मैंने तुझे, एक फूल या कमल कहा था,

तेरे हुस्न को, एक शांदार ग़ज़ल कहा था।

मैंने तेरे रूप को, शीश महल कहा था,

तेरे होठों को, खिलता हुआ चमन कहा था।

उन खुले हुए ज़ुल्फ़ों पर, एक गज़ल लिखा था।।

तेरे कहे तीन शब्दों को, पुरा दास्तां कहा था,

तुझे दिल के ज़मीं का, आसमां कहा था।

तेरे खुले हुए उन भीगीं ज़ुल्फ़ों को, शबाब कहा था,

तेरे उस गुलाबी लिबास में, तुझे लाजवाब कहा था।।

हाँ मुझे सब याद है....!

 ज़ुबीना अंजुम

11. "शुक्रिया तेरा"

मेरी ज़िन्दगी में आने का।

मेरा साथ निभाने का।

मुझे अपना बुलाने का।

बहुत शुक्रिया तेरा।।

गुमनाम सी शख़्सियत को, एक पहचान दिलाने का।

हर मुश्किल में, अपना हाथ आगे बढ़ाने का।

बहुत शुक्रिया तेरा।।

इस बंजारन को, एक मकाम दिलाने का।

बेनाम की ज़िन्दगी को, एक नाम दिलाने का।

मेरी ज़िन्दगी से पतझड़ को दूर भगाने का।

बन सावन मुझ पर बरस जाने का।

बहुत शुक्रिया तेरा।।

हर सफ़र में संग कदम बढ़ाने का।

मेरे लिए दिल में एक जगह बनाने का।

मुझे दुनिया से रूबरू कराने का।

बहुत शुक्रिया तेरा।

बहुत शुक्रिया तेरा...!

❀❀❀

12. "बिन तुम्हारे"

बिन तुम्हारे, ये दीप हम क्यों जलाएं,

बिन तुम्हारे, ये रूप क्यों सजाएं।

बिन तुम्हारे, इस घर को हम क्यों जगमगायें,

तुम नही तो कुछ नही, कह दो इन दियों से।।

इस वर्ष वो, दिवाली न मनायें...!

13. "मुझे याद करना"

इस दीपावली हम साथ रहें,

मगर अगली दिवाली पर, तु सिर्फ मुझे याद करना।

इस वर्ष हम पास रहें,

मगर अगली वर्ष, तु मुझे एक दफा याद करना।

हर त्योहार को हम साथ मनाएं,

बाद जाने के तुम, हर त्योहार में मुझे याद रखना।।

ये कुदरत का खेल है, हो सके अब साथ छुट जाए,

अकेला मुझे जलने नहीं देना कुर्बतों की आग में,

हर कदम पर इस दिये की तरह मेरे साथ जलना।

ये दिवाली बहुत अच्छी रही, अगली दिवाली पर

संग मैं न रहूँ, तो मुझे ज़रूर याद करना…!

14. "ड्रीम गर्ल हो"

माना कि तुम पास नहीं हो,

मगर ऐसा नहीं कि अब तुम खास नहीं हो।

फिर तुम क्यों उदास होती हो

तुम तो मेरी ड्रीम गर्ल थी तुम तो मेरी ड्रीम गर्ल हो।।

जानता हुँ कि अब पहले जैसी बात नहीं है,

मानता हुँ कि अब रोज वाली वह मुलाकात नहीं है ।

पर तुम तो मेरा ख़्वाब हो, फिर तुम क्यों उदास होती हो,

तुम तो मेरी ड्रीम गर्ल हो।।

एक दिन तेरी हर रंजिशें दूर होंगी,

मोहब्बत में मिली तमाम गर्दिशें दूर होंगी।

मगर तुम क्यों उदास होती हो, तुम तो मेरी ड्रीम गर्ल हो,

तुम तो मेरा ख़्वाब हो, तुम तो मेरा जवाब हो, तुम तो मेरी ड्रीम गर्ल हो।।

15. "शुक्रिया अदा"

उलझते हुए रिश्तें से पूछती हूँ,

तेरे क़रीब रहुं, या तुझे जुदा करूं।

तुझसे बिछड़ने के डर से पूछती हुं,

तुझसे ख़फ़ा रहुं, या दिलो जाँ तुझ पर फ़िदा करूं।

तेरे दिये हुए तकलीफों से पूछती हुं,

तुझसे गिला करूँ, या तेरा शुक्रिया अदा करूँ।।

❀ ❀ ❀

16. "न कभी"

जब मिल जाए मेरी ज़ख़्मों की खबर,

मरहम ले कर तुम आना न कभी।

जब हो गिला तो बयां कर लेना,

गुफ्तगु बन्द कर के सताना न कभी।।

मेरे खाली हाथों में भले कुछ न देना,

मगर दामन को भर के, एहसान जताना न कभी।

मालूम है मुझे तु मेरे नसीब में नहीं,

मगर सामने आकर तुम, ये बात बताना न कभी।

17. "तेरी आँखों में नमी"

मेरा दिल, मेरा जिस्म,

मेरी जान,

सब तुझ पर निसार,

और तुम खुद को मुफलिसी का लकब देते हो, तुझे किस बात की कमी है।

जाने क्यों तेरी आंख में नमी है।।

ये बारिश हो रही थी सदियों से, ये आंखें रो रही थी सदियों से।

तेरे आने से ये अश्कों की वर्षा थमी है।

फ़िर क्यों तेरे ही आंखों में नमी है।।

मेरी सांसे, मेरी रातें,

वो तमाम मुलाकातें,

वो हसीन यादें, सभी में वाहिद तु शामिल है।

मेरी जान तु हर सूरत में मेरे कामिल है।

क्यों देते हो, मुफलिसी का लकब खुद को,

निसार है मेरी धड़कनें तुझ पर, तुझे किस बात की कमी है।

इन आंखों पर अश्कें क्यों थमी है।।

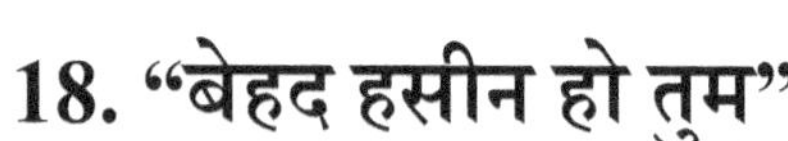

18. "बेहद हसीन हो तुम"

अहलिया, ज़ौजा, और मेरी अर्धांगनी हो तुम,

नाम भले अनेक हैं, मगर हज़ारों में एक हो तुम।

सच कहुं तो, मेरे हर ग़म को संग बाटने वाली, मेरी हमदम हमसफ़र हो तुम,

इश्क़, वफ़ा, प्यार मेरी आरज़ू हो तुम,

सच कहुं तो, मेरे सुकुत ए जिस्त की ज़रूरत हो तुम।।

मेरी बेज़ार धड़कनों की आवाज़ तुम,

तमाम मुश्किलात में उभर ने वाली एक नई आस तुम।

मेरे आशियाने कि रौनक हो तुम,

सच कहुं तो, मेरे ख़्वाबों की हकीकत हो तुम।

धूप की तपिश में झुलसता जब रहुं,

बिन मौसम पड़ने वाली वो बारिश हो तुम।।

मेरी हर गरदिशों में साथ खड़ी रहने वाली, मेरी हमदम मेरी हमनशी हो तुम,

मेरे दिल की फ़रियाद हो तुम, हर कदम पर मेरे साथ हो तुम।

मेरा प्रेम मेरी चाहत मेरी जुस्तजू हो तुम,

मेरी तमन्ना मेरी आरज़ू मेरी ज़रूरत हो तुम।।

सच कहुं, तो बेहद, बेशुमार खूबसूरत हो तुम...!

19. "आ पास आ"

आ पास आ, आ साथ आ।

मिलकर हम दोनों एक दूसरे की जिंदगी बन जाएं।।

कुछ साथ गाएं, कुछ गुनगुनाएं, आ पास आ.....आ पास आ।

हम दोनों एक दूसरे की हमनशी बन जाएं।।

थोड़ा आंसु बहाएं, थोड़ा मुस्कुराएं, आप पास आ....आ पास आ।

एक दूसरे का सफर आखिरी बन जाएं, एक कदम तुम बढ़ाओ,
एक हाथ हम बढ़ाएं।।

आ पास आ....आ पास आ।

हम दोनों एक दूसरे की, दोस्ती बन जाएं।।

थोड़ा तुम रूठ लेना, थोड़ा हम मना लेंगे।

मगर हर शिकवे गिले भूल कर, गले से लगा लेंगे।।

आ पास आ, आ साथ आ।

हम दोनों एक दूसरे की हर खुशी बन जाएं।

ज़िन्दगी बन जाएं, आ पास आ....आ पास आ।

20. "वह चाहती थी"

वह चाहती थी हम उसके जुल्फों में घिरे रहें,

हमें भी तो भूख ने प्रदेश भेजा था।

वह चाहती थी हम घंटों उसके हुस्न की तारीफ करें,

हमें भी तो मश्रुफ़ियत ने जकड़ रखा था।।

भला कौन चाहेगा कोहिनूर की चमक से दूर रहना,

वह चाहती थी उसके बाहों में सिमटा रहुँ मैं रात दिन,

मुझे भी तो ज़रूरियात ने दूर भेजा था।

मैं चाहता था उसके हुस्न को और संवार दुं,

उसके जिस्म को गहनें हज़ार दुं,

इस दुनिया का कीमती सा कोई लक़ब नायाब दुं।

और वह चाहती थी मैं हमेशा उसके करवटों में मौजूद रहुँ।।

मगर मुझे भी तो मजबूरी ने प्रदेश भेजा था....!

21. "बाद जुदाई के हमारे"

लाज़िम है कि एक दिन हमदोनो, जुदा हो ही जाएंगे,

मगर मेरी यादों को, तुम दिल से निकाल देना।

मुनासिब ना होगा, हमारा फ़िर से मिलना,

मगर राहों में हर तरफ, मुझे ढूंढना ये तुम छोड़ देना।।

फ़िर मुमकिन कहां होगा, वो घंटो की गपशप,

वो लड़ना झगड़ना वो रूठना मनाना,

मगर उन तमाम लम्हों को तुम भूल जाना।

तु गिरता था तो, मैं संभाला करती थी,

बाद जाने के तुम मेरे, अपने रास्ते के पत्थर खुद देख लेना।।

ना गिरना, ना थकना,

ज़िन्दगी को बेहतर, से जीने का तरीका सीख लेना।

बाद जुदा होने के मेरे,ना टूटना ना बिखरना,

खातिर मेरे इश्क़ के, तुम मुझको भुला देना।।

❀❀❀

22. "मेरी जान हो"

तुम आईना हो मोहब्बत का,

तुम पतझड़ की शाम हो।

क्यों बैठे हो युं बुझे हुए से,

तुम तो मेरी जान हो।।

तुम हो सावन की हरियाली जैसी,

तुम तो खुशियों का जाम हो।

क्यों उदास से बैठे हुए,

तुम तो मेरी जान हो।।

कोई तुझे कुछ ना बोल सकेगा, कोई तुझे ना तोड़ सके गा,

मैं पास खड़ी हुं, साथ में तेरे,

तुम तो मेरा अभिमान हो।।

फिर क्यों गुमसुम से परेशान हो तुम तो मेरी जान हो।

❀ ❀ ❀

23. "ऐसी वो एक लड़की थी"

किसी और लोक कि लगती थी, कुछ नायाब अदाएं दिखती थी,

थोड़ी चंचल, कुछ नटखट सी बातें करती थी।

वो कोई हूर नहीं परी नहीं, मगर कुछ ख़ास अलग सी लगती थी,

ना मोह उसे था दौलत से, ना चाह थी उसकी शोहरत की, ना मरती थी महंगे तोहफों पर

वो तो रंग बिरंगी चुरियों संग यहां वहां इतराती थी,

मामूली सी तोहफों को दोस्तो को दिखलाती थी।।

कुछ नायाब सी थी अदाएं उसमे,

सुलझी सी, साधारण सी, अनोखी सी, वो लड़की थी।

मेरे लिए ना जाने, कहां कहां हर किसी से लड़ती थी।।

मुझसे वो अक्सर कहती श्रृंगार मेरा अधुरा है,

आईने की तरफ मुझे ले जा कर, मांग को भरने कहती थी।

इस दुनिया की ख्वाहिशों से सदा परे वो रहती थी।।

मुझे को वो अपना मिर्ज़ा ओर खुद को मेरी कनीज़ समझती थी।

ठिकाना तो उसका था, आसमां के किसी आशियाने में, मगर संग मेरे वो इसे ज़मीन पर गिरते सम्हलते चलती थी।

24. "तुम्हारा हुआ"

आज से सब तुम्हारा, तु अब हमारा हुआ।

आज से ये दिल बेगाना और वो दिल अब हमारा हुआ।।

मेरी हर गलती को, तुझे भुलाना होगा।

आज से मुझे तेरा, और तुझे मेरा, सदा के लिए बन जाना होगा।।

मैं रूठ जाऊं तो मुझे मनाना होगा, गर दूर जाऊं तो पास बोलाना होगा,
मुझे सीने से लगाना होगा।

आज से हर नादानी भरी आदतें छुड़ाना होगा,
तेरे बोलने से पहले मुझे समझ जाना होगा।।

हर शिकवे गिले अब भूल जाना होगा, मुझे अपने दिल में बासाना होगा।

आज से हर सुबह तुम्हारा, तमाम शाम हमारा हुआ।।

वो झगड़ा वो रंजिश वो तमाम फित्ना अब पुराना हुआ,
आज से मेरी ज़िन्दगी तुम्हारा हुआ।

हर मोड़ पर साथ निभाना होगा, हर कदम से कदम मिलाना होगा।।

अब ना कुछ छुपाना होगा, तमाम बाते एक दूसरे को बताना होगा।

आए जो तूफान ज़िन्दगी में, सबसे पहले तुझे ही हाथ बढ़ाना होगा।।

गर कामिल नहीं हुं मैं तेरे, अब मुझे अपने कामिल बनाना होगा।

आज से हम तेरे...तु हमारा हुआ।।

25. "शिकायत है उनकी"

शिकायत है उनकी, हम हर बात पर रूठ जाते हैं,

हम इतना बिखरे हुए हैं की, तेरे छुने से भी टुट जाते हैं।

ये रूठना मनाना रोज़ का, अच्छा नही लगता।।

हर शख़्श गुज़रता हुआ पूछता है,

माजरा क्या है।।

मैं कोई फूल नही जो, छूने से मुरझा जाऊं,

मगर ज़ख़्म इतने हैं, की जहाँ हाथ रखो दुख जाता है।

इन सुजे हुए आँखो को देख कर, मुस्कुरा के,

हर कोई पुछता है मामला क्या है।।

26. "ज़िंदगी से जाने नहीं देंगे"

अपने सांसों से, तेरी खुशबू को नहीं जाने देंगे।

तेरे दामन से बंधे रहना है उम्र भर,

तुझे ख़ुद से दूर नहीं जाने देंगे।

इन अश्कों का तालुक है….तेरे यादों से,

इन्हें आंखों से दूर नहीं जाने देंगे।।

ख़ुद ही कर लेते हैं हरा, तेरे दिए हुए ज़खमों को,

तेरे साये को भी कहीं गुम हो जाने नहीं देंगे।

मेरे धड़कनों पर एक तेरा ही नाम वाहिद है,

अपनी ज़िन्दगी से, तुझे नहीं जाने देंगे।।

27. "तुम रख लो"

अपनी नफ़रत हमें दे दो, मेरी उल्फत को तुम रख लो,

अपनी गर्दिशें मुझे दे दो, मेरी चाहत को तुम रख लो।

तमाम उलझनें मुझे दे दो, मेरी राहत को तुम रख लो,

अपना दिल-ओ-जाँ तो तुझे सौंप दिया, तेरे रकीब से कहूंगी,

ये जिस्म अब तुम रख लो।।

28. "छोड़ दी उसने"

बड़े प्रेम से मिलता था, मुझसे हर रोज मेरा आशिक कई दिनों से गुमनाम है कहीं

या सियासत छोड़ दी उसने?

ना मिलने पर शिकायत करना, अक्सर रूठना और लड़ना झगड़ना,

कई दिनों से शांत है युंही, या बगावत छोड़ दी उसने?

हमेशा इश्क का दावा करता रोज़ प्यार भरी बातें करता,

न जाने क्यों उखड़ा सा रहता है, शायद शरारत छोड़ दी उसने?

अबकी बार मिलेगा तो ख़ामोश नहीं बैठूंगी मैं,

अब शराफत छोड़ दी मैंने,

जो मोहब्बत छोड़ दी उसने।।

29. "ईद का त्यौहार"

तुम जो कह देते, नहीं इरादा है मेरा आने का,

क्या बुरा हो जाता, बस मेरी ख्वाहिशें ना उम्मीद हो जाती।

थक गए हैं अब हम, तेरा इंतज़ार करते करते,

काश ऐसा दिन अता, और तेरी दीद हो जाती।।

ऐसा एक सपना देखा था एक रोज़ मैंने,

उस तरफ से चांद, और इस तरफ तुम आए।

काश ये सच होता, तो मेरी हर खुशियां जदीद हो जाती।।

टूट रहे हैं अब उम्मीद मुलाक़ात की।

काश तुम आ जाते, तो मेरी ईद हो जाती।

काश तुम आ जाते, तो मोकम्मल मेरी ईद हो जाती।।

30. "ऐसी हो ज़िंदगी"

बहुत सुलझी हुई हो जिंदगी।

प्यारी सी कल्पना है कि, ऐसी हो मेरी जिंदगी।।

थोड़ी मिट्टी तेरे गांव की हो कुछ हवाएं मेरे शहर की, होली सी रंगीन हो जिंदगी।

तेरे प्यार के बंधन से बंधी हो, और पंछियों सी आजाद हो मेरी जिंदगी।।

बहुत ही प्यारी सी कल्पना है, की ऐसी हो मेरी जिंदगी।

दिवाली की रोशनी हो और ईद जैसी खूबसुरत हो जिंदगी।।

मेरा झगड़ना सुबह, और तेरा मनाना रात हो,

इतनी आसान हो मेरी जिंदगी।

ना झूठ ना फरेब, खुदा का वरदान हो जैसे,

ऐसी हो मेरी जिंदगी।।

तेरा भगवान तो मेरी अजान हो जिंदगी।

तु समंदर सा विशाल रहे मैं नदियों से समा जाऊं,

ऐसी हो मेरी जिंदगी।।

तु बाग़ बने जब पतझड़ का तब सावन की घटा बन जाऊं,

ऐसी हो मेरी जिंदगी।।

31. "ईद मुबारक"

तुम जो गैर थे, इसी खातिर उम्मीद ए वफ़ा थी तुमसे।

तुम ने भी उम्मीदें तोड़ दी, अपनो और रिश्तेदारों की तरह।।

बहुत खुश थी मैं, की मुलाकात होगी ईद पर इस बार।

मगर नसीब हमारा, यह ईद भी गुज़र गया बाकी त्योहारों की तरह।।

32. "चुटकी भर सिंदूर"

तुने हर पल साथ निभाया, तुने हर कदम पर अपनाया।

सारा अधिकार मिला मुझको, सिर्फ उधार रही चुटकी भर सिंदूर।

जब धूप मिला तो, छाया बन आया।

जब गिरी मैं, तो मुझे प्रेम से उठाया।

सारा अधिकार मिला मुझको, सिर्फ उधार रही चुटकी भर सिंदूर।

मैं रूठी तो मुझे मनाया, मैं रोई तो गले लगाया।

दूर गई तो पास बुलाया।

हर मान दिया, बड़ा सम्मान दिया।

फिर भी अधुरी रह गई मैं, जो ना मिला तेरे हाथ से चुटकी भर सिंदूर।

मेरे खुशियों के लिए हर दर्द उठाया, हर रोज़ जीने की नई उम्मीद जगाया।

सब कुछ मिला मुझको, हर एक अधिकार पाया तुझसे।

बस रह गया उधार तुझ पर, चुटकी भर सिंदूर।

33. "किस तरह"

किस तरह मिलन हुआ,

किस तरह वो तुम्हारी जान बना।

किस तरह तुम उसकी लिबास बनी,

किस तरह वो ख़ास हुआ,

किस तरह ये इश्क़ हुआ।।

किस बात पर वो खफा हुए,

किस बात पर तुम जुदा हुए।

किस बात से वो गमज़दा हुए,

किस बात पर वो बेवफ़ा हुए।।

34. "हमारा प्यार"

एक दुजे को संभाल रहे, ज़िन्दगी संग गुज़ार रहें,

नहीं शिकायत है रब से भी, जो साथ है हमारा प्यार।

हर मुश्किल से निकल जाएंगे, ये दिन भी बदल जाएंगे,

जो संग है, हमारा प्यार।

रात रोने के बाद मुस्कुराने पर मजबूर जो करे,

रूठ के भी जो गुफ्तगू रोज़ करे,वो सूफियाना अहसास ही तो है, हमारा प्यार।।

मेरी गलतियों को नजरअंदाज करते हो, हर सुरत में अपने कामिल समझते हो,

फना हो जाएंगे जुदा हो कर,

जो बिछड़ गया ज़िन्दगी से हमारा प्यार।।

तुझे छोड़ना है एक दिन, जानती हुं बात लाज़िम सी है,

मगर ख़ुश रहना तुम, संग होगा सदा हमारा प्यार।

इन अश्कों में दिखेगा हमारा प्यार।

तमाम राहों में संग, रहेगा हमारा प्यार…!

35. "बस वही"

चूम लेना लबों से, मेरे आंखों को तुम।

ज़िन्दगी हो तुम, और ख्वाहिश बस वही।

छू लेना तुम सांसों को मेरी, हसरत हो मेरी तुम,

और चाहत बस यही।

छोड़ देंगे हर ख़ुशी तेरे लिए, महफ़िल हो मेरी तुम,

और रौनक बस यही।

भर दो इस सुनी सी मांग को, मेरा श्रृंगार है अधुरा,

मेरी सुंदरता बस यही।

चूम लो लबों से, मेरे माथे को तुम,

सारी खुशियां हैं तुम्हीं से, और ज़िन्दगी बस यही....!

36. "मैं वो नहीं"

बारिश के तरह आकर बरस गई, और थम ते ही मुझे भूल जाओ।

मैं वो नहीं।।

मेरी बूंदे पत्तों पर थमी होगी, मेरी खुशबू मिट्टी में बसी होगी।

जो रोज़ सुबह सूर्य संग निखर आए, जो हर रात चांदनी बन बिखर जाए,

मैं वो नहीं।।

मैं हवा हुं एहसासों भरा, हर वक़्त बहुँगी तेरी सांसों में।

वो लम्हा जो बहलाए दिल को, वो माहौल जो कुछ पल छु जाए दिल को।

मैं वो नहीं।।

मैं वो याद हुं जो हर पल आए तुझको।

मैं वो ख़्याल हुं, जो पल भर भी ना छोड़ जाए तुझको।

वो बात जो घड़ी भर को याद आऊं, वो ख्यालात जो फुरकतों में छा जाऊं।

मैं वो नहीं।।

मैं तेरी वो ज़रूरयात हुं, वो जज्बात हुं, जो तन्हाई बन, तुझ पर बिखर जाऊं हर महफिल में।

37. "कुछ लम्हें"

कुछ लम्हें, बिताओ साथ मेरे,

थोड़ा निहार लुं मैं तुझे।

कुछ जुल्फें, सवार लुं मैं तेरे,

एक दफा, फ़िर पुकार लुं मैं तुझे।।

ये नशा उतार लुं, तेरे हुस्न का,

ये मदहोशी मिटा लुं, जो चढ़ा है, तेरे दीदार से।

क्यों उठ खड़े हो जाने को,

थोड़ा मोहलत दो, कुछ सुनाने को।

गुजारे हैं रो कर, कई शाम इंतज़ार का,

थोड़ा मोहलत दो, मुझे मुस्कुराने को।।

क्यों उठ खड़े हो जाने को,

ये समा है मुलाकात का, ये लम्हा है इज़हार का।।

❀ ❀ ❀

38. "वो आ रहें हैं"

ज़मीन को स्वर्ग बना दुं।

या राहों में फुल बिछा दुं।।

मैं अब होश में नहीं हुं,

जो सुना है, आप आ रहें हैं।

खुशनुमा समा बना दुं।

या तारे तोड़ के ला दुं।

मेरा दिल बस में नहीं है,

जो सुना है, आप आ रहे हैं।।

खुशियों के दीप जला दुं।

दीवाली सा घर सजा दुं।।

होली सा रंग बिखरा दुं।

या तुझ पर नूर बरसा दुं।।

खुशी से दिल,बस में नहीं है।

जो सुना है, आप आ रहे हैं।।

❀❀❀

39. "मैं तुझ में"

तु बरस आसमां से, खुशनुमा बूंद बन कर।

मैं बंजर ज़मीन सी भिंग जाऊं।।

तु फूल है हसीन गुलाब जैसा।

मैं पंखुड़ियों सी महकुं तुझ में।।

तु ज़िन्दगी में है जान जैसा।

मैं धड़कन बन धड़कुं तुझ में।।

तु दीवाली सी शाम है, मैं दिया बन जगमगाऊं तुम में।

तु रंगों भरी गुलाल सा, मैं होली सी खेलुं तुझ से।।

तु रोज़ निकल चांद बन कर,

मैं तुझ पर इतराऊं नील गगन जैसा।

तु है विशाल समुंद्र जैसा, मैं नदियों सी बस जाऊं तुझ में,

तु वजह है जीने की मेरी, मैं सांस बन बहकुं तुझ में।।

 ज़ुबीना अंजुम

40. "भूल जाना तुम"

मेरे हर गीत को, हर नज़्म को, हर लफ़्ज़ को भूल जाना तुम।

मगर याद रखो, इतिहासों में मौजूद रहूंगी सदा मैं ।।

मेरी बातों को, हर एक जज़्बातों को, भूल जाना तुम।

मगर याद रखो, दिल के किसी कोने में सदा रहूंगी मैं।।

वो तमाम मुलाकातों को, हर एक हसीन रातों को बेशक भूल जाना तुम।

मगर याद रखो, तेरे सांसों की आहट में ताउम्र रहूंगी मैं।।

भूल जाना तुम मुझे मगर, तेरे हर मतले,
हर मोकते, गज़ल के हर एक लफ़्ज़ में रहूंगी मैं।।

तेरी ज़िन्दगी में सांसों सी रोज़ बहूंगी मैं।

हर एक लफ़्ज़ में रहूंगी मैं।।

41. "तुम बिन दिवाली"

तुम बिन कैसे दीप जले,

और कैसे मनाऊं मैं दिवाली।

तुम हो तो, संग मेरे भी सब कुछ है,

बिन तेरे अब बेरंग सी है, मेरी दिवाली।

तुम संग मैं दीप जलाऊँ, तुझ संग हर त्योहार मनाऊं,

मिठी मिठी यादों के संग, रोज़ लगेगी दिवाली।

तुम होती तो, सब कुछ होता,

मेरा मन भी रौशन होता,

तुम बिन कैसे दीप जले, और कैसे कटे मेरी दिवाली,

अब मुझे तो कुछ याद नही है,

जाने कब आकर जा चुकी भी दिवाली।

42. "अभी तो"

अभी तो वाहिद एक लफ़्ज़ बोला है, अभी तो हर बात बाक़ी है।

अभी तो लब खुले हैं सिर्फ, अभी तो इज़हार बाकी है।

अभी तो तुझे सोचा है और, हर ज़र्रा बेज़ार है दिल का।

अभी तो तेरी यादों के संग, तमाम रात बाकी है।

भला क्यों बेचैन हो तुम, मुझे उदास देख कर,

अभी तो महज़ ग़मगींन हुँ मैं, अभी तो पुरी बरसात बाकी है।

❀ ❀ ❀

43. "सोचता हुं अक्सर"

सोचता हुँ मैं अक्सर,

तुम मिलोगी अचानक कहीं किसी मोड़ पर,

तो क्या तुम, तब भी मुझको आप कहोगी

और पहले जैसी बात करोगी।

ऐसा लगता है तब, सब कुछ बदला बदला होगा,

अभी के जैसी अल्हड़ चंचल लड़की,

तब तुम वैसे न मुझसे बात करोगी।

सहमी सहमीं सी, झुकी निगाहों के संग,

जैसे तैसे मुख्तसर सी बात करोगी।

मैं भी तुमको तुम नहीं, बल्कि तुझको आप कहुंगा,

तुझको मैं अपना आज नहीं, तुझको गुज़रा ख़्वाब कहुंगा।

44. "तेरा ख़्याल"

तु किसी राख से, सोना बन निकल आया होगा।

तेरी क़लम के सियाही से, तारीख़ –ए – हिन्द निखर आया होगा।

किसी वीरान से समा में, तु गीत बन आया होगा।

तेरे क़दमों के निशान से कई बंजर ज़मीन मुस्कुराया होगा।

यं आसान नहीं है, तेरी तारीफ़- ए- शख़्शियत बयान करना,

सोचा तुम्हारी शोहरत में लिखुं, तेरी दस्तान- ए –ज़िन्दगी।

ज़रूरत नहीं हुई तुझे पुरा जानने की,

ये ख्याल तो सिर्फ, तेरे अहसास से ही मुझको आया होगा।

45. "कहते हैं अब वो"

कहते हैं वो अब, इश्क़ पर भरोसा नहीं है।

पर मोहब्बत थी वो मेरी, कोई धोका नही है।

ज़ुल्फ़ें मेरी उलझ जाती थी तुझसे, इत्तेफ़ाक़न,

अपने लटों को बिखरना मैंने तो, सिखाया नही था।

मेरी यादों मे तरपना, तेरे दिल को,

ये पाठ मैंने तो पढ़ाया नहीं था ।

कहते हैं अब वो, फ़रेब है गिला है और है बेवफाई,

इश्क़ पर अब मुझको भरोसा नही है।

अब यकीं भी दिलाऊँ तो कैसे दिलाऊँ, अब बयाँ भी करूँ तो,

क्या क्या कहुँ मैं॥

ये दिलों का है रिश्ता, महज़ एक किताबी किस्सा नहीं है।

एक वाहिद मैं ही इसमे मुबतला नहीं हुँ।

ये इश्क़ था मेरा, तभी तो बेज़ार है तु,

नही तो एक बेवफा के खातिर, क्यों परेशान है तु।

वफ़ा है ये अंजुम, कोई धोका नहीं है।

अब झूट सच सब है, तेरे ही हाथों,

जाने वालों को हमने तो रोका नही है....!

 जुबीना अंजुम

46. "हम जब तक हैं"

फ़िर कहां ये दिन बहार के,

फ़िर कहां ये वक़्त प्यार के।

एक बार फ़िर से निहार लो मुझे,

एक बार फ़िर से पुकार लो मुझे।

ताउम्र नहीं, बस तुम्हारे संग जब तक हैं।।

ये कोई यादगार कहानी नहीं,

ये सिर्फ़ बहकती हुई, भावनाओं की जवानी नहीं।

इसमें कोई ख़ास निशानी नहीं,

जब तक हैं, सिर्फ़ तुम तक हैं।

गर आज यहां, तो कल यहां भी नहीं।।

कुछ लम्हें बटोर लो,

कुछ यादें समेट लो,

आख़िर हम कब तक हैं, मगर तुम्हारे साथ हैं, जब तक हैं...!

❀ ❀ ❀

47. "तेरी ज़ुल्फ़ें"

उंगलियाँ ज़ुल्फ़ों में फ़सा कर यं खेला न करो,

दिल उलझन मे पर जाता है, तुझे देखूँ,या तेरी ज़ुल्फ़ों को।

तुम ज़ुल्फ़ों को समेटों और खुद को सवारा भी करो,

लोग बेवजह तेरी बेज़ारगि का इल्ज़ाम, मुझ पर लगाते हैं।।

48. "सफ़र तु आखरी"

आगाज़ से अंजाम तक, तु ही सफर है आख़िरी।

मेरी ज़िन्दगी मेरी हमनशी मेरी हर खुशी तु आख़िरी।

तू प्यास है मेरे रूह की, तु जान है मेरे जिस्म की।

तु दिल्लगी तु हर खुशी, तु ही सफ़र मेरा आख़िरी।

तु ही रौनक-ए-हुस्न है, तु ही सुकून-ए दिल भी है।

तु शाम है मेरे इश्क की, तु राहत है मेरे इश्क़ की।

आगाज़ से अंजाम तक, तु ही सफर मेरा आखरी।

49. "क्यों घबरा रहे हो?"

जब जानते हो बेशुमार इश्क करते हैं हम एक दूसरे से,

तो फिर क्यों इतने कसमे खा रहे हो।

मुझको क्यों अपनी वफाओं का यकीन दिला रहे हो,

सच कहुँ तो लगता है उल्फत से तुम घबरा रहे हो।

प्यार मोहब्बत में झगड़े तनाव हो ही जाते हैं, कभी छोड़कर ना जाऊंगा,

यह बार बार क्यों बता रहे हो।

क्यों अपने अशकों को बहा रहे हो।

सच कहुं तो लगता है तुम इश्क से घबरा रहे हो।

तुम जितना भी दोगे प्यार यहां कम ही लगेगा,

तो फिर क्यों पत्थर से टकरा रहे हो।

क्यों इतनी कसमें खा रहे हो, क्यों मोहब्बत का यकीन दिला रहे हो।

50. "गुम हो जाते हैं"

गुम हो जाते हैं लोग, अपनी ज़रूरयात को पुरी करने में,

अपनो को शौक से भुलाना कौन चाहता है।

वादें हज़ार करते हैं इश्क में,

वादों को दिल से निभाना कौन चाहता है।

मशरूफियत बदल देती है, रिश्तों को,

बदल जाने का इल्ज़ाम दामन में लगाना कौन चाहता है।

51. "मैं क्या कहूँ"

आपको मैं हसीं सा ख़्वाब कहुं,

या कोई खूबसूरत ख्याल कहुं।

आपको मैं कोई सवाल कहुं,

या कोई उम्दा सा जवाब कहुं।।

आपको मैं सब से जुदा, कोई नायाब कहुं,

या ख़ुदा की इस बनावट को लाजवाब कहुं।

आपको मैं कोई गहरा समुंद्र कहुं,

या कोई खुली किताब कहुं।

लफ्ज़ नहीं हैं, कुछ कहने को,

क्या आपको मैं, सिर्फ़ आप कहुं।।

❀ ❀ ❀

52. "ऐसा क्यों किया"

मुझे बेबस और बेसहारा किया,

इश्क़ वफ़ा को बदनाम किया।

सुकून-ए-इश्क़ को बेज़ार किया,

तेरे झूठे कसमों ने बड़ा परेशान किया।

दिल ने वाहिद तुझे ही याद किया।।

रहता था दिल के, जिस कोने में तु मौजूद,

आज हर ज़र्रे को हमने नीलाम किया।

मोहब्बत तो बहुत ख़ामोशी से किए,

मगर बेवफ़ाई सरेआम किया।

वजूद ही मिट गया हमारी अधुरी उल्फत का,

क्यों तुमने ऐसा काम किया।

❀ ❀ ❀

53. "आओ एक खुशियों का जहां बनाएं"

चलो एक खूबसूरत अपना आशियां बनाएं,

जहां अंधेरा मेरा तो सवेरा तेरा हो।

खुशियों से भरा एक जहां सजाएं,

जहां एक रंगीन शाम तेरा तो हसीन सवेरा मेरा हो।।

आओ एक ज़िन्दगी बनाएं,

जहां थोड़ा गम मेरा तो कुछ बूंद तेरा हो।

एक लम्हा मेरा तो कुछ पल तेरा हो।।

आओ एक घर बनाए, जहां एक मंदिर तेरा तो एक दर मेरा हो।

साथ मिल के सर को झुकाएं, जहां एक रब तेरा तो एक ख़ुदा मेरा हो।

हर कदम पर साथ निभाएंगे एक दूसरे का,

मौत भी आए तो,

कुछ राख़ तेरे हों, तो एक कब्र मेरा हो।।

❀ ❀ ❀

54. "निशां छोड़े जा रही हुँ"

एक एक डगर, एक एक कदम बढ़ रही हुं, आगे बढ़ा रही हुं।

तेरे बिन जैसे तैसे ज़िन्दगी बिता रही हूं।

हर राह में, हर मोड़ पर तुझे बोला रही हुं,

मुझे ढूंढ लेना तु आसानी से, तेरे लिए अपने कदमों के निशान छोड़े जा रही हुं।

55. "संवारे भविष्य अपना"

आओ अब सवारें भविष्य अपना,

ये प्यार वफा अब छोड़ कर हम।

आओ अब सुधारें लकीरों को, यह प्यार मोहब्बत को छोड़ दें हम।।

आओ अब समेटें बिखरे ज़िंदगियों को,

यह कसमें वादें अब तोड़ दें हम।

यहां कोई किसी के भरोसे नहीं, सबकी अपनी किस्मत है।

आओ अब उस तकदीर के दम पर, एक दूसरे को अब छोड़ दें हम।।

यह कसमें वादें तोड़ दे हम।

इश्क वफा से मुंह मोड़ दें हम....!

56. "मैंने कब चाहा था"

मैंने कब चाहा था।

तेरे रूठ जाने से,

तेरे दूर जाने से,

मैं जीना छोड़ दूंगी।

मैंने यह कब चाहा था।

मुझे छोड़ जाओ तुम,

मुंह मोड़ जाओ तुम,

मैंने कब चाहा था।

जिंदगी तुम बिन बिताऊं,

तुझे पा कर गवाऊँ,

निगाहों में, बसी तेरी तस्वीर हटाऊँ,

ये मैंने कब चाहा था।

❀ ❀ ❀

57. "भुला देना"

लाज़िम है कि एक हमदोनो, जुदा हो ही जाएंगे।

मगर मेरी यादों को, तुम दिल से निकाल देना।

मुनासिब ना होगा, हमारा फ़िर से मिलना,

मगर राहों में हर तरफ, मुझे ढुंढ़ना ये तुम छोड़ देना।।

फ़िर मुमकिन कहां होगा, वो घंटो की गपशप,

वो लड़ना झगड़ना वो रूठना मनाना।

मगर उन तमाम लम्हों को तुम भूल जाना।

तु गिरता था तो, मैं संभाला करती थी,

बाद जाने के तुम मेरे, अपने रास्ते के पत्थर खुद देख लेना।

ना गिरना ना थकना,

ज़िन्दगी को बेहतर, से जीने का तरीका सीख लेना।

बाद जुदा होने के मेरे, ना टूटना ना बिखरना,

खातिर मेरे इश्क़ के, तुम मुझको भुला देना।

 ज़ुबीना अंजुम

58. "इरादा किया है"

मोहब्बत कमज़ोर नही थी अपनी,

वो तो बस हालातों ने, आवाज़ को दबाया है।

ख़ामोशी से सब्र करो, ख़ुदा ने हर किसी को,

अलग अलग तरीकों से आज़माया है।

तुझे छोड़ने का इरादा किया है अभी,

मगर तुझे भूल जाने का वादा नही।

❀ ❀ ❀

59. "नींद नहीं आ रही है"

मोहब्बत की गहराई तो यह दुरियाँ ही बता रही है,

यह उदासियां यह घना अंधेरा, चहरे से नहीं जा रही है।

नींद को हर रात खुशामद करना पड़ता है,

जब से तु गया है, कमबख्त यह नींद नहीं आ रही है।

60. "बाद जाने के अब तेरे"

तुम्हें तकलीफ़ होती थी न, मेरे उदास रहने पर,

बाद जाने के हम तेरे, अब तन्हा ही मुस्कुराते हैं।

तुम्हें पसन्द था न, मेरे ज़ुल्फ़ों को खुला देखना,

बाद जाने के अब तेरे, हम लटों को बाँध के रखते हैं।

❁❁❁

61. "बहाते हुए जाऊँगी"

छोड़ नहीं सकती तन्हा उन यादों को,

तेरे तोहफों को साथ लिए जाऊंगी।

छुपा रखा है जिसे अलमारी में,

वो सब दफना दिए जाऊंगी।

किताब में दबे हुए चिट्ठियां, और फुलों को,

वापस निकालते हुए जाऊंगी।

तेरी तमाम तोहफों को साथ लिए जाऊंगी।

उन खुशबुओं को सांसों में बसाए हुए जाऊंगी।

दर्द से लहके हुए उन यादों को दोबारा जलाना नहीं अच्छा,

उन लम्हों को किसी दरिया में, बहाते हुए जाऊंगी।

दबे अश्कों और बेबस इश्क की लहु से, आब-ए-दरिया में,

आग लगाते हुए जाऊँगी।

62. "तब्दील हुआ"

ये दोस्ती, मोहब्बत में तब्दील हुआ,

थोड़े सुकून, तेरी चाहतों पर तकसीम हुआ।

कोई हबीब, रकीब में तब्दील हुआ,

एक मुस्कान, अश्क में तब्दील हुआ।।

कुछ दर्द, इस प्रेम में तकसीम हुआ,

कुछ रंजिशें, शाजिशें बन तब्दील हुआ।

ये सावन, पतझर में तब्दील हुआ,

सब कुछ बदल दिया इस उल्फत ने,

मगर तुम नहीं बदले।।

❀❀❀

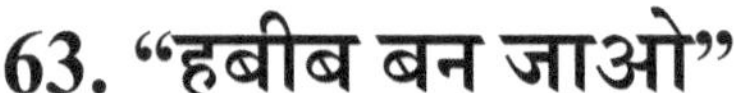

63. "हबीब बन जाओ"

कर सको कुछ भला, तो हमारे दिल-ए-बीमार की तबीब बन जाओ।

बहुत रह लिए संग दुश्मनों के, अब तो कोई मेरा हबीब बन जाओ।

माना कि तुझे एक ख़ास मकाम दिया था दिल में।

मगर ये ना कहा कि तुम मेरी रकीब बन जाओ।

गर बोलते तो तुझे,

तमाम ख्वाब दे देती, तकदीर दे देती।

ताबीर दे देती, हर एक चीज़ दे देती।

मगर ये नहीं कहा कि, तुम मेरे रकीब बन जाओ।

बहुत रह लिए संग दुश्मनों के, अब तो कोई मेरा हबीब बन जाओ।

सोचता हुं कई दफा ये बोल दुँ,
भूल कर सब शिकवे गिले माशूका नहीं तो रफीक़ बन जाओ।

64. "तेरा अंश मिला हो"

नीला आसमां बहुत लुभा रहा दिल को,

ऐसा लगता है, तेरे कुछ अंश मिलें हों गगन में।

हर तरफ फ़िज़ायें रंगीन लग रही, लुभा रहा ये समां निगाहों को,

जैसे तुही तु बसा हो नयन में।

हर तरफ मोहब्बत बिखरा दिख रहा मुझको,

समाया हो जैसे तु सारे गगन में।

तेरी खुशबु बसी है फ़िज़ाओं में, तेरी आहट बसी है धड़कनो में,

निगाहों में।

हर तरफ़ वफ़ा से निग़ाहें फिर रही, जैसे तेरा अंश मिला हो चारों दिशाओं में।

65. "आज भी"

आज भी शाम अधुरी रह जाती है,

छोड़ दिया हमने भी चाय की पियाली।

तेरे बिन अब फीकी लगती है।

आज भी तेरा वक़्त, खाली रह जाता है,

शायद उस वक़्त के काबिल कोई नही मिला।

या हमने जान कर छोड़ा है, वो लम्हा तेरी यादों के लिए।

66. "बड़ी मुद्दतों बाद"

कल बड़ी मुद्दतों बाद, वो दिन आएगा।

ज़िन्दगी में खुशियां संग, कल मेरा चांद नज़र आएगा।

कभी हम ख़ामोश होंगे, तो कभी तु मुस्कुराएगा।

कभी हम नज़रें घुमाएगें, तो कभी वो आंखें मिलाएगा।

ना जाने इशारों ही इशारों में, वो क्या कुछ कह जाएगा।

एक दूसरे के निगाहों में कुछ इस तरह मशरूफ होंगे,

जहां सारे रंजोगम भूल, खुशियां ही खुशियां नज़र आयेंगे।

वो ज़िन्दगी के उदास दिन, वो तन्हाई वो शिद्दत,

तुझे देख ये दिल, सब भूल जायेंगे।

कल बड़ी मुद्दतों बाद वो दिन आयेगा।

❀ ❀ ❀

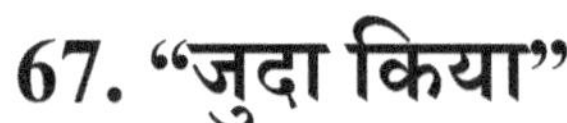 67. "जुदा किया"

सांसों की तरह तुझे खुद से, जोड़ने की हसरत थी।

फिर भी तेरी मर्ज़ी थी, तो खुशी से,तुझे विदा किया।

सुरमे की तरह तुझ को सजाया था निगाहों में,

फिर भी तुझे नज़रों से जुदा किया।

चाह कर भी तुझे रोक ना सकी, उदास रह कर दिल को गमज़दा किया।

तुझे जोड़ना था जिस्म से रूह तक, मगर तेरे खुशी के लिए, तुझको खुशी ख़ुशी

विदा किया, तुझे ज़िन्दगी से जुदा किया।

68. "क़रीब थें हम"

जाने किसने अफवाह फैलाई, की बेहद क़रीब थे हम।

सच तो ये है की,

वो गर जिस्म था, तो लिबास थे हम।

वो गर चांद था, तो आसमान थे हम,

वो गर सांस था, तो उसकी धड़कन थे हम।

न जाने किस ने जमाने भर को कहा,

की एक दूजे के बेहद करीब थे हम।

वो गर नींद था, तो उसकी करवट थे हम,

वो गर अश्क था, तो उसकी आँख थे हम।

वो गर लब था, तो उसकी आवाज़ थे हम,

वो गर सांस था, तो उसके तमाम राज़ थे हम।

न जाने किसने कहा की उसके बेहद क़रीब थे हम,

शायद क़रीब तो थे, मगर बहुत बदनसीब थे हम।

69. "क्या हो जाता"

क्या हो जाता गर हम जुदा ना होते,

माना के हजारों में किसी एक की मोहब्बत मुकम्मल होती है।

क्या हो जाता हजारों में वह एक हम कहलाते,

क्या हो जाता हमारी कहानी अधुरी ना रहती।

क्या हो जाता, गर मोहब्बत हमारी मुकम्मल हो जाती,

क्या हो जाता अगर हम, दर्द जुदाई ना सहते।

क्या हो जाता हम दोनों एक साथ रहते,

क्या हो जाता गर जिंदगी एक हो जाती।

क्या हो जाता गर रास्ते हमारे एक हो जाते,

क्या हो जाता, अगर हम जुदा ना होते।

अच्छा होता मोहब्बत ही ना होती।

अच्छा होता हम मिलते ही नही एक दूसरे से।।

 ज़ुबीना अंजुम

70. "ता उम्र साथ"

भविष्य नहीं जिस बंधन का, फिर क्यों रिश्ते को,

वही नाम देते हो हर बार।

हजार दिन तन्हा गुजारी, अब युं रूठ कर सताओ नहीं।

क्यों इस बन्धन को, वही नाम देते हो हर बार।

क्या दोस्त बन कर, नहीं दे सकते सारी ज़िन्दगी मेरा साथ।

बिखर के संवरी हुं, उलझ के सुलझी हुं।

मत लो तुम वापस, बढ़ाया हुआ अपना ये हाथ।

मत पुकारो इस रिश्ते को,उस नाम से हर बार।

क्यों दोस्त बन कर, नहीं दे सकते ताउम्र मेरा साथ।

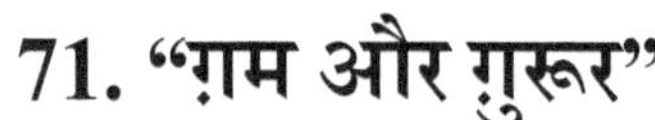

71. "ग़म और ग़ुरूर"

बिछड़ने का मलाल है, तो तुझसे मिलने पर सुकून भी,

तुझसे जुदाई का गर दुख है, तो तेरे साथ बिताएँ वक़्तों से चहरे पर नूर भी।

बेहद कसक है तुझे छोड़ देने पर,

मगर तेरी मोहब्बत को पा लेने का ग़ुरूर भी।

72. "कुछ न कर सकी मैं"

जिन हसीन ख्वाबों को मैं तोड़ ना सकी,

और वह पूरे भी न हुए।

तेरे तरफ़ से रुख मोड़ न सकी,

और मोकम्मल उसे छोड़ भी न सकी।

उसे रूह से अलग भी न कर सकी,

तुझे जिंदगी से जोड़ भी न सकी।

तुझे प्यार किया, बेइंतहा, बेशुमार किया,

तुझसे इज़हार भी न किया, उसे इंकार भी न कर सकी।

❀ ❀ ❀

73. "अब क्यों"

जब कहा तो तुने सुना नहीं, अब खामोश हुँ तो,

सुनने को तलबगार हो क्यों।

चाहा भी जब बयां करना, तुने तो तब कुछ सुना नही,

अब खामोश हैं लब, तो फ़िर ग़िला है क्यों।

जब कदम बढ़ाई तो तुम रुके नहीं,

अब लौट चुकी तो, तुम बेज़ार हो क्यों।

❀❀❀

74. "तुम्हारा ज़िक्र"

मैं कोई गीत लिखुं, या कोई ग़ज़ल लिखुं।

मैं कोई शेर भी पढ़ूँ तो, बात तुम्हारी ही होगी।

याद तुम्हारी ही होगी।

ज़िक्र तुम्हारा ही होगा, फ़िक्र तुम्हारा ही होगा।

तेरे आने से एक मक़सद मिला मुझको,

कुछ बाकी नहीं अब खोने को, कुछ बाकी नहीं अब पाने को।

मंज़िल के तरह तुझे पा कर,

ठहर सी गयी हुं तुझ तक आकर।

❀ ❀ ❀

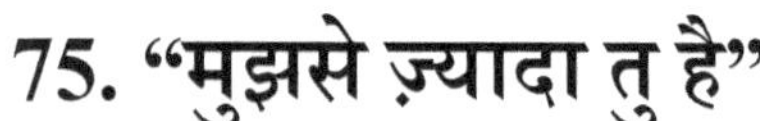

75. "मुझसे ज़्यादा तु है"

मुझ में मुझसे ज़्यादा मौजूद तु है,

मेरे अंदर मेरी आवाज़ से ज़्यादा, तेरे आहट हैं।

तेरे दुख जैसे पहले मुझ से टकराते हैं,

फिर शायद तुझ तक पहुंचती होगी।

तेरी खुशियां की चमक, तुझसे ज़्यादा मेरे रुख पर दिखाई देती है,

फ़िर जा कर तुझसे टकराती होगी।

हर सूरत में तु मुझ से ज़्यादा मौजूद है, मेरे अंदर तु मुझसे ज़्यादा दिखता है।

76. "आसरा दे दो"

गले से लग कर दुख सारे लेलो मेरे,

माथे को चूम कर सारी लकीरें दूर कर दो।

हाथों को थाम कर सहारा दे दो मुझे,

सीने से लगा कर किनारा दे दो मुझे।

आंसुओं को पोछ कर नई वजह दे दो जीने की,

मुझे अपना बना कर, नाम दे दो तेरे साथ होने की।

लोग जलते हैं, हमारे साथ होने पर,

फिर हाल क्यों पूछा सबने, तेरे दूर जाने पर।

हर कदम पर मिसालें बदलती है,

तो कभी विचारें बदलती हैं।

कहीं प्यार दोस्ती है, तो कभी दोस्ती प्यार में बदलती है।

❀ ❀ ❀

www.ingramcontent.com/pod-product-compliance
Lightning Source LLC
LaVergne TN
LVHW092022190726
843493LV00002B/544